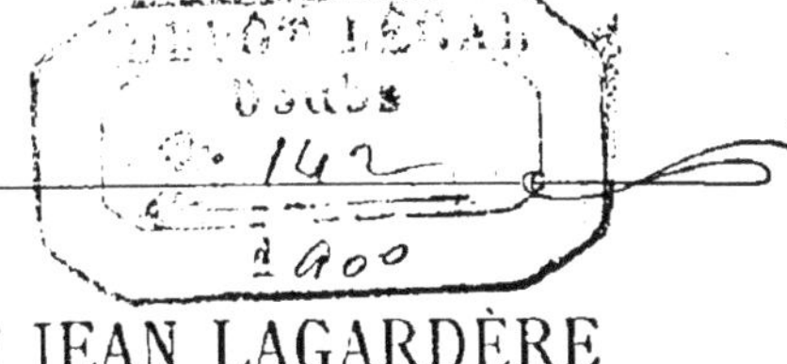

L'ABBÉ JEAN LAGARDÈRE

SAINTE THÉRÈSE

L'ENFANT — LA RELIGIEUSE — LA RÉFORMATRICE

(Etude psychologique et mystique)

DISCOURS

prononcé au Carmel de Besançon

15 OCTOBRE

Clama, ne cesses.
(Is. LVIII, 13).
Veritas liberabit.
(Joann. VIII 32).

BESANÇON
IMPRIMERIE H. BOSSANNE, RUE RONCHAUX
1900

IMPRIMATUR

Besançon, le 8 octobre 1900.

F. LABEUCHE,
vic. gén.

JE DÉDIE CES PAGES

A

MON HUMBLE

ET VÉNÉRÉE MÈRE

SAINTE THÉRÈSE

Thérèse, une sainte d'une sainteté si extraordinaire que lorsque nous osons, de notre regard humain, superficiel et banal, scruter le mystère de sa vie, nous retombons sur nous-mêmes, inquiets et attristés, nous disant : Pourrons-nous jamais l'imiter un peu et la suivre même de loin?

Thérèse, l'âme et comme la pierre angulaire de cet édifice granitique, plusieurs fois séculaire, qui porte le nom de Carmel et semble participer à la pérennité de l'Eglise, tant il circule de sève et de vie surnaturelle dans ce corps si magnifiquement et si solidement organisé !

Thérèse, une Espagnole de volonté admirable et prodigieuse, une extatique et une mystique dont les œuvres sont marquées au coin du bon sens le plus aimable et le plus simple, une femme d'un héroïsme qui dépasse notre ambition de rêveurs et pourtant attire irrésistiblemevt les âmes élevées et profondes.

Thérèse, une religieuse qu'une règle de fer a faite sublime, que des souffrances inouïes ont rendue lé-

gendaire, qu'une énergie indomptable a faite créatrice et apôtre !

Devant elle la colère et l'ironie passent sans s'arrêter, ne s'attardent ni le rire ni l'irritation ; le scepticisme s'incline devant cette physionomie si sympathique, la science la respecte, l'histoire la nomme, la loue et la déclare admirable.

Par obéissance elle a écrit sa vie, raconté ses faiblesses, composé des ouvrages : cette vie a l'intérêt d'un roman de chevalerie; ces faiblesses établissent entre cette âme et nous des relations et des liens d'amitié ; ces ouvrages même ceux qui ne croient pas les ont feuilletés et traduits, et, leur lecture finie, ils ont trouvé l'écrivain d'un classicisme attique et ont dit de la visionnaire, auteur de ces chefs-d'œuvre, qu'elle était admirable. (Le mot est de Renan.)

Sa haute sainteté est d'une amabilité extrême : c'est une femme qu'on veut connaître, même quand on ne pense pas comme elle, tant elle a des attirances irrésistibles...

On dirait volontiers qu'elle ne ressemble pas aux autres saints, tant elle est humaine et de notre terre, même quand elle nous transporte avec elle en des régions inexplorées.

Elle a des extases qu'elle narre avec une lucidité méthodique : dans les « sept châteaux de l'âme, » par exemple, elle détermine avec la précision d'un géomètre le point exact où telle région finit, où telle autre commence : on dirait qu'elle développe, devant le regard attentif de ses lecteurs, une carte de géo-

graphie qu'elle a étudiée sur place ; on croirait entendre un voyageur sagace qui décrit les merveilles dont il a été le spectateur ému : elle est tour à tour analyste, psychologue, scientifique, dessinateur, peintre, architecte et musicienne.

De l'esprit, elle en a et du meilleur ; il jaillit de cette âme comme malgré elle, avec je ne sais quoi de vivant, d'humain, de vif, de poétique et de chantant qui lui gagne toutes les sympathies.

Ses filles, elle les subjugue et les enveloppe d'un regard qui est à la fois une caresse et un trait ; s'il s'agit de les faire monter à l'assaut d'une vertu, elle les électrise d'un mot comme un général d'armée ; on dirait un Napoléon religieux haranguant des chevaliers de Malte à la veille d'une bataille, ou sur le point de franchir la Bérézina : elle parle, elle agit, elle crée, elle souffre, elle aime, elle commande, elle prie, elle s'élève au-dessus de notre terre, elle sort d'extase le sourire aux lèvres, le calme au front, le cœur à la joie et à la confiance, avec une simplicité, une douceur et une séduction qui tiennent de l'enchantement et se marient à une énergie morale et à une volonté indomptable, dont aucune épreuve ne peut avoir raison.

Son dernier jour venu, sans gémissements, sans larmes, sans douleur, paisible et radieuse comme une extase, elle entre en une ineffable agonie, dans les bras du Seigneur, en face du Ciel qui s'ouvre, en présence de ses filles qui la contemplent avec une muette admiration. Trois légers soupirs s'échappent de ses lèvres, si légers qu'à peine peut-on les entendre, si suaves qu'ils ressemblent au souffle d'une âme absorbée dans la contemplation : c'est fini. Thérèse de Jésus est morte d'amour.

Voilà en raccourci toute l'histoire d'une des plus belles âmes que le monde ait jamais connues et que le Christ ait jamais aimées. Sa physionomie esquissée à grands traits, laissez-moi ouvrir devant vous l'âme de l'Enfant *aimée par Dieu d'un amour de prévenance,* de la Religieuse *aimée par Dieu d'un amour jaloux, et* de la Sainte *devenue, à force de souffrances et d'amour,* l'épouse *de Jésus, qui déverse sur elle des trésors de grâces et en fait la Réformatrice d'un Ordre expiateur et rédempteur.*

I

L'histoire de sainte Thérèse, comme l'histoire de toute âme humaine, est un drame merveilleux dont le premier acte se joue à la fois dans la pensée de Dieu et au foyer de l'enfant prédestinée : car, il faut s'en souvenir, dans les choses humaines, Dieu est le principal acteur ; par lui seul et l'efficace de sa grâce, les grandes âmes rendent un son harmonieux. Celles qu'il a connues dans sa prescience, il les prédestine pour être conformes à l'image de son Fils, il les appelle, c'est-à-dire il les regarde, et en les regardant il les aime, c'est-à-dire il les fait dignes d'être aimées de lui en les justifiant. Son amour est donc un amour de prévenance. L'histoire de l'époque, du pays et du foyer où Thérèse vient au monde en est une preuve entre mille.

Vous faites-vous une idée de l'Espagne, de la vieille Castille et de la petite ville d'Avila au seizième siècle? Depuis des centaines d'années, et sous le chaud soleil de sa foi antique, l'Espagne a résonné d'un bruit de cliquetis d'armes et a pris l'aspect d'un camp retranché : cent fois le flux des mers a jeté sur ses côtes le flot rapace des envahisseurs ; le Sarrazin et le Maure, l'Anglais et l'Islamite ont menacé l'intégrité du territoire et de l'âme héréditaire ; et à la lutte incessante et âpre, Pizarre, le Cid, don Juan, et tout un peuple de chevaliers, en quête de la gloire ou des choses du salut, se sont formés et se sont épanouis, figures originales et hardies qui jettent dans cette époque et dans ce pays je ne sais quoi de pittoresque, de grandiose et de religieux que nos âmes modernes regrettent, mais ne savent plus faire revivre.

C'est dans ce pays des rêves, en pleine Castille, dans une petite ville hérissée d'immenses remparts et de tours en granit, fermée de portes de fer très hautes, et flanquée d'une cathédrale qui la fait ressembler à une forteresse, sous un ciel âpre dans sa sérénité, et sous un climat qui calcine les pierres et les âmes de l'époque, que naît, en 1515, d'une race faite pour une religion robuste et presque farouche et de preux qui montent à l'assaut de la sainteté comme leurs pères défendaient à coups d'épée l'intégrité de leur foi et la sécurité de leur vie, une enfant, dont le père compte parmi ses ancêtres un roi de Léon, dont la mère appartient à la plus vieille noblesse de Castille, et qui est destinée à devenir la gloire de la catholique Espagne et même de l'Eglise, en ouvrant par un peu de joie et de sublime poésie les sombres avenues qui conduisent à la crucifiante Perfection.

Son pays est une pépinière de chevaliers, son époque une génitrice de saints, son foyer un sanctuaire dont le chef, homme austère, intègre, pieux et intelligent, a l'allure fière, chevaleresque, inflexible, froide et pourtant aimable et religieuse des arrière-petits-fils des rois de Castille.

Sa mère, Béatrix de Ahumada, est une délicieuse figure de matrone à l'imagination ardente comme le soleil du pays, au cœur d'autant plus tendre qu'elle vit plus sévèrement, reléguée, pour ainsi dire, dans une chambre où la souffrance a élu domicile et où la mort plane sans cesse, avertissant son hôte de se hâter de répandre, sur les nombreux enfants qu'elle va laisser orphelins, les effluves caressantes de son amour maternel.

C'est dans ce cadre à la fois austère et charmant, dans une atmosphère de poésie, de chevalerie et de religion, à côté de onze de ses frères à l'esprit turbulent, aux jeux bruyants et au tempérament difficile quoique pieux que Thérèse grandit et subit la double influence de son père, un vrai patriarche, et de sa mère, une nouvelle Rachel.

C'est là ce que j'ai appelé les prévenances de l'amour de Jésus au foyer de l'enfant.

Elle-même est d'une rare distinction d'esprit et de corps : gracieuse dans toute sa personne, elle a comme un grand air de majesté ; sur son large front on devine une belle intelligence ; ses yeux vifs et pleins d'expression pétillent d'esprit, son sourire évoque la franchise, sa tête d'enfant est radieuse et toute sa physionomie est comme auréolée d'une grâce déjà surnaturelle qui écarte toute ombre de péché et indique les nouvelles prévenances de l'amour de Jésus.

Quand elle parle, sa voix se fait douce comme celle d'une sirène, et pure comme du cristal de roche ; elle a de ces saillies joyeuses qui jaillissent spontanément de son cœur et la font bannisseuse d'ennui et de tristesse, si enjouée et si irrésistible qu'elle épanouit déjà tous ceux qui l'entourent, comme plus tard elle égaiera de ses spirituelles réparties des couvents où, avant elle, l'on se mourait d'ennui.

D'une intelligence très ouverte et d'une imagination très chaude, elle a puisé au contact de ses frères, dont les jeux résonnent d'un bruit incessant d'épées et de combat, le goût et comme la hantise des actions extraordinaires, en même temps qu'à la lecture de la Vie des Saints elle s'enflamme d'un zèle prématuré pour les œuvres de sainteté. Elle n'a encore que sept ans et, forte de son éloquence communicative, elle persuade à son frère Rodrigue qui n'en a que onze, de partir avec elle chez les Maures : déjà on les avait vus se retirer souvent à l'écart pour adorer et embrasser la croix, et combien de fois les avait-on entendus jeter ce cri sublime, expression non équivoque des prévenances de l'amour de Jésus : « Eternité, éternité ! »

Il est vrai que, rencontrés dans leur folle équipée par un oncle qui les avait ramenés au foyer, Rodrigue n'avait pas su se montrer très brave et avait accusé sa sœur. Mais Thérèse s'était défendue hardiment et avait soutenu qu'elle était dans ses droits, puisque, voulant *aller chez Dieu*, elle avait pris le chemin le plus direct, celui du martyre, que d'ailleurs lui avaient indiqué *ses livres*.

Ce sont là encore les prévenances de l'amour de Jésus : cette enfant qui n'a pas eu le temps de prendre conscience d'elle-même est *doucement inclinée* vers le bien et a l'horreur instinctive de tout ce qui est vulgaire, avec la passion des actions d'éclat ; Dieu a déposé en elle des germes de vertu ; Thérèse ne résiste pas, mais les cultive avec soin : c'est le point de départ de sa sainteté. Dieu la prévient et elle est fidèle. Là est toute l'histoire de sa première enfance.

N'est-ce pas aussi un peu la nôtre ? Il fut une heure où, dans le grand livre de notre vie, un Dieu miséricordieux et bon voulut bien écrire, sur les pages blanches comme neige de notre âme, les prévenances infinies de son amour. Mais peut-être parce que nous ne sûmes pas, comme Thérèse, correspondre à l'amour prévenant de Jésus, a-t-il interrompu le cours de ses faveurs et son cœur est-il devenu jaloux ?

Pour comprendre jusqu'où vont les jalousies du Cœur du Christ à l'endroit de ceux qu'il a prédestinés en les prévenant, tournons un feuillet du livre de la vie de Thérèse et, familiarisés avec l'Enfant, essayons de lier connaissance avec la jeune fille et la Religieuse.

II

Thérèse n'avait que 12 ans lorsqu'elle perdit sa mère, une de ces femmes à l'œil vigilant, au cœur tendre et fort comme du diamant, ange gardien visible que nul ne saurait remplacer et dont on a besoin dans tous les âges et dans toutes les situations de la vie. Cette perte fut pour cette enfant un grand malheur. Sa mère disparue, comme un poison subtil, Satan avec ses pompes entra dans son cœur sous la forme de la vanité et des lectures frivoles : et on vit la noble fille de Béatrix de Ahumada, tremblant d'être surprise par son père, passer sournoisement une partie des jours et des nuits à lire des romans de tout genre ; coquette et frivole, brillante et exaltée, la jeune mondaine fit de son corps une idole qu'on pare, dont on s'inquiète et à laquelle on cherche non seulement des admirateurs, mais même des adorateurs. Elle n'eut certes pas de peine à les conquérir : de jeunes parents et du même âge, raconte-t-elle, de même caractère et de même humeur, vinrent déposer à ses pieds l'hommage de leur admiration, l'entretenir de leurs engagements et de leurs folies. Thérèse était sur le penchant de sa ruine.

La Providence lui vint en aide par l'entremise de son père dont le zèle plus éclairé s'était ému : brusquement le fier Castillan chercha une retraite pour la vertu de sa fille et ne craignit pas d'aller la demander au cloître ; dans ce sanctuaire la jeune pensionnaire de 16 ans fit à nouveau la rencontre de Dieu, et se prit une fois encore à trembler à la pensée des jugements éternels. Ce n'est pas que sa nature se soit dépouillée tout d'un coup de sa passion pour le monde et de son amour de l'indépendance ; elle a horreur des couvents et ne craint rien tant que l'état religieux ; une voix intime qu'elle reconnait pour l'appel d'en haut lui crie bien de tout quitter et de se fixer derrière des grilles, mais sa nature se révolte et s'effraie en face des crucifiements dont le cloître lui offre la perspective. Et elle veut fuir.....

Le Dieu du seizième siècle, et surtout le Dieu de la martiale Espagne, n'est pas précisément le Dieu débonnaire et facile auquel notre temps offre ses tranquilles hommages ; la religion, là bas et en ce temps, est férocement sombre ; on y adore un Dieu qui aime le sang et n'a pas de honteuses compromissions avec le vice ; exigeant et redoutable, il n'admet pas les demi-mesures : il faut se donner à lui tout de bon ou ne pas s'en mêler, car il vomit les tièdes. Il est vrai, à ceux qui lui ont fait don intégral d'eux-mêmes et le servent sans partage il sait être fidèle ; envers eux il est parfois clément et même prodigue, mais combien chèrement et au prix de quelles souffrances et de quels héroïsmes il faut acheter les intimités ou les ravissements extatiques qu'il permet d'avoir avec lui !

Thérèse ne l'ignore pas et, avec cette nature absolue qui est la sienne, saisie d'effroi à la pensée des austérités qu'elle devrait s'imposer, si elle se consacrait à la vie religieuse, elle retourne dans le monde, entreprend des voyages et demande aux choses et aux hommes des distractions qui l'étourdissent. C'est en vain. Un Dieu jaloux la poursuit de son amour tenace. C'en est fait, Thérèse est vaincue : le 2 novembre 1533, elle s'en va de grand matin, plutôt morte que vive, après avoir triomphé des résistances de son père, Alphonse Sanchez de Cepeda, frapper au couvent des Carmélites de l'Incarnation d'Avila. Quelques mois après elle avait fait profession, bien qu'elle n'eût point encore vingt ans.

« Seigneur, c'est le moment d'achever votre ouvrage : venez purifier cette grande âme ! »

Vingt ans, un cloître dans cette petite « cité des chevaliers » où « tout est pierres et saints » ; dans ce cloître une arrière-petite fille de rois, une Espagnole, une Castillane, une âme bouillante, exaltée, avec pourtant un esprit rassis, une volonté de fer, et des rêves d'infini, il me semble qu'avec ce luxe de jeunesse et de splendeurs *l'amour jaloux* du Christ va faire de grandes choses et sculpter divinement le chef-d'œuvre des âmes claustrales.

Voici venir le divin sculpteur, le marteau et le ciseau en main ; du marbre de cette vierge tant aimée il va tirer la vivante *statue de l'Expiation.*

De son corps dont elle faisait une idole, que la maladie fasse *une hostie* ; hier, elle nourrissait son esprit de lectures frivoles : que son âme reste pendant vingt ans dans l'aridité la plus complète... elle a osé à 16 ans amollir son cœur dans des conversations libres et tendres : que *d'horribles scrupules* le mettent sous le pressoir et la fassent entrer en de perpétuelles agonies.

Un mal mystérieux la met, au lendemain de sa profession, à deux doigts de sa perte ; l'art ne peut le conjurer ; la maladie fait son œuvre, la fièvre ne quitte plus sa victime, ses nerfs se contractent, au point que le moindre mouvement lui cause des souffrances intolérables. Trois jours durant elle reste en prostration, on la croit morte et tout est prêt pour ses funérailles ; elle revient néanmoins à la vie, mais pendant trois ans, elle demeure percluse de ses membres, et, sa vie durant, elle est sujette à d'horribles souffrances.

Elle appelle Dieu de ses prières et de ses vœux, elle voudrait se consumer d'amour pour lui, mais Dieu reste sourd aux prières de la vierge; pendant vingt ans il se dérobe et Thérèse finit par être « moins occupée du sujet de son oraison que du désir d'entendre l'horloge sonner à la fin de l'heure consacrée à la prière. »

Peu à peu elle se prend en dégoût, elle a comme honte de l'existence qu'elle mène au Couvent de l'Incarnation : son beau rêve d'infini, celui de ses vingt ans, est loin d'avoir été vécu ; ses nobles ardeurs n'ont abouti à rien, elle tremble, elle s'indigne contre elle-même, les remords et les scrupules bouleversent son âme comme une affreuse tempête ; aux prises avec sa conscience, elle redoute la mort, elle se croit digne de l'enfer. la justice de Dieu l'exacerbe, son passé l'épouvante, mille doutes la bouleversent, les décisions de ses directeurs la jettent dans des perplexités et des incertitudes effroyables. Elle appelle Dieu à son secours ; de toutes les forces de son être, avec toutes les fibres de son âme, au nom des souffrances physiques qu'elle éprouve sans se plaindre et des tortures morales qu'elle endure en patience, elle clame son amour virginal à celui auquel elle a voué sa vie : peine inutile... Dieu jaloux se dérobe et reste sourd, il se venge du passé de la vierge, il la torture pour la purifier, *il n'est jaloux que parce qu'il aime.*

L'histoire de Thérèse est l'histoire de toutes les âmes que Dieu veut élever à une union plus intime avec lui : il ne les frappe le plus souvent que pour les purifier, il ne les éprouve que pour les sculpter divinement et en faire des vases d'élection. Son amour jaloux ne se fait si tenace, si exigeant, que pour dilater les parois de l'âme choisie et faire passer en elle les flots de sa miséricorde et de sa tendresse ; c'est ce qui nous reste à voir en la Religieuse dont Dieu va faire enfin son *épouse*, la *Réformatrice du Carmel* et presque la génitrice d'un Ordre expiateur et sauveur.

III

Au seizième siècle, la débacle morale qui avait atteint tous les ordres religieux avait aussi emporté le Carmel. Celui de l'Incarnation d'Avila ne faisait pas exception à la règle commune ; sans être scandaleux, il était loin d'être édifiant ; il y régnait un mondanisme de faux aloi qui ne favorisait guère les extases ; dans le parloir sans clôture existait un singulier va-et-vient qui troublait le recueillement de Thérèse ; les cellules des nones étaient parées d'objets mondains et transformées trop souvent en véritables boudoirs ; sous prétexte de refaire leur santé, les religieuses malades obtenaient le droit de séjourner en dehors du cloître, la règle primitive avait été officiellement mitigée, l'abstinence perpétuelle avait été abolie, comme aussi supprimés la règle du silence et le grand jeûne du 14 septembre à Pâques.

Dans un semblable milieu et avec un tel état de choses, la grande âme de Thérèse est loin de se mouvoir à l'aise. Elle a rêvé pour elle et pour le Christ d'autres immolations et des saintetés mieux encadrées : elle a déjà 45 ans, ses idées ont eu le temps de se faire et d'être éclaircies ; elle sait bien ce qu'elle veut ou plutôt ce que Dieu va exiger d'elle : elle a souffert physiquement et moralement des tortures inouïes qui ont achevé de purifier son âme...

L'heure de Dieu est venue ; Thérèse va sonner son

heure, parce qu'après l'avoir purifiée par la souffrance, le Christ va épancher dans son âme les trésors de sa tendresse et l'*associer comme épouse* à l'œuvre de sa Rédemption.

Il ne s'agit de rien moins que de ramener le Carmel à la règle primitive, de rétablir l'ancienne discipline, de pratiquer et de prêcher les plus dures austérités.

L'enfer cette fois se soulève contre la sainte : elle a pour adversaires ses amis et ses ennemis, les gens de bien et les libertins, les scandaleux et ses directeurs. Les uns parlent de folie ou de possession ; les autres la traitent de visionnaire, d'hypocrite, d'orgueilleuse et de vagabonde. C'est un déchaînement général ; ses filles l'évitent, ses confesseurs la rebutent ; on la menace de la livrer au bras séculier.

Thérèse n'est point émue : la force du Christ et la lumière divine lui tiennent lieu de tout, et, avec une énergie indomptable se met à l'œuvre la pauvre extatique et l'humble visionnaire, non pas celle qu'on croit déséquilibrée et dépourvue de sens pratique, mais l'autre, celle qui pense qu'il faut se défier des nerfs excités et des sangs appauvris, et soigner les épidémies d'extases et de visions avec du bouillon gras et du sommeil prolongé, celle qui a peur des cerveaux malades et prescrit de soigner les corps pour qu'ils ne se vengent pas sur l'esprit, celle qui en dépit des extases d'où elle sort crucifiée et comme morte, reste néanmoins la femme pratique, la ménagère préoccupée de la soupe et du menu à donner à ses Sœurs, la religieuse aux mains fines qui ne dédaigne pas de balayer ou de raccommoder et admet bien que ses filles aient des pièces à leur robe, mais pas de trous, des mains calleuses, mais pas de malpropreté... Celle qui défend qu'on enfouisse son esprit quand par bonheur on en a un peu, et qui prêche toujours d'exemple, tenant tous ceux qui l'abordent sous le charme.

Contre une mystique si intime avec Dieu, douée d'une si haute raison jointe à un sens pratique incomparable, tout Avila et toute l'Espagne ont beau s'ameuter et lui livrer procès, elle se démêlera comme un parfait homme de loi, au milieu des exploits et des sommations et, rompue aux affaires, elle gagnera procès sur procès et on la verra, pendant les quinze dernières années de sa vie, parcourir l'Espagne sur sa mule, traverser la Castille dans tous les sens, chevaucher en Andalousie, franchir les sierras sans ombre et sans route, coucher dans les misérables auberges de muletiers, et, manquant de tout, rongée par la fièvre, un bras cassé et non remis, conspuée ici, adorée par là, fonder une œuvre tellement gigantesque que, 100 ans après, l'Espagne comptait 266 *couvents réformés*.

Et quels couvents, grand Dieu ! De véritables prisons où l'on n'admet *que des sujets de choix*, des natures saines, des esprits droits, des intelligences cultivées, tout au moins *érudibles*, des santés bonnes, des êtres de résistance ou d'attaque. Des lieux de silence où l'on a faim et froid, où l'on se donne la discipline à en saigner, où les genoux font mal, où la tête tinte à force de prier, où l'on renonce à sa volonté propre, où l'on est séparé de tout et mort à tout, et surtout où l'on se dépouille des mérites de sa prière et de ses souffrances pour en faire bénéficier les âmes des autres et les déverser sur autrui. C'est cette dernière clause qui est en majeure partie la raison d'être de la Carmélite, la préserve du soupçon d'égoïsme, lui permet d'exercer un rôle éminemment *social* et ainsi de répondre à toutes les ineptes accusations du monde...

Tous les soirs, de 9 heures à 11 heures, dans l'étendue immense du monde chrétien, la fille de sainte Thérèse chante sur un ton plaintif sa dolente prière, une prière qui n'est pas pour elle, non plus que les meurtrissures de son corps et les tiraillements de son estomac... Elle prie, elle souffre pour les crimes d'autrui, et, parce que la nuit est l'heure où le mal se prépare dans le monde, elle rêve de mystères inconnus et redoutables, elle voit la grande armée du mal envahir silencieusement la terre enténébrée, et peu à peu, hantée elle-même par le mystère de ces choses, saisie par les réalités que ne soupçonnent pas les âmes vulgaires, elle monte à l'assaut de la prière, au secours des miséreux assaillis de tentations, et, vivante, alerte, mystique, extatique, épouse du Crucifié, mère jalouse comme une lionne à laquelle on arrache ses petits, elle se jette toute frémissante dans la mêlée. Quand son œuvre est faite et que la nuit est devenue plus obscure, elle regagne joyeuse sa cellule glacée, emportant la vision d'une nouvelle victoire sur Satan, elle s'endort heureuse, et jusque dans son sommeil elle poursuit le rêve sublime qu'elle reprendra dès son réveil, ou même elle l'interrompt quelquefois par le chant extatique emprunté à sa Mère et qu'il faudrait redire à genoux...

« Est-ce que tu crois, ô éternellement vivant, que je t'aime à cause des récompenses futures promises dans ton royaume, pour les palmes, les harpes, les délices espérées de ton Ciel ? Oh ! non, moi je t'aime parce que tu as été malheureux et que tu as passé par toutes les douleurs. Moi je t'aime parce que tu as été forcée de crier vers le Père : « Pourquoi m'avez-vous abandonné ? »

« Moi je t'aime plus à cause de ton agonie et de ta mort qu'à cause de ta résurrection, car je m'imagine que toi ressuscité, tu as moins besoin de ta servante. Mais lorsque j'assiste à ton agonie, il me semble que je reviens dans des contrées déjà connues de moi, que j'avais déjà contemplé jadis cette colline et cette croix inondée de la pourpre de ton sang ; que cette Magdeleine, ta sainte, ta bien-aimée qui gémit là-bas, c'était peut-être moi ; car dans mon cœur, son cœur se lamente, car toutes les larmes de ses yeux sourdent dans mes paupières, et mon désespoir est si terrible, que deux semblables désespoirs ne peuvent pas exister. Non, elle ne t'aimait pas davantage... Une seule fois dans sa vie, elle s'est prosternée toute en larmes dans la poussière arrosée de ton sang, sur le Golgotha, une seule fois seulement, et moi combien de fois !...

« Car, presque chaque nuit, se renouvelle pour moi

le supplice du Calvaire, et, après tant de siècles écoulés, se présente pour moi dans toute sa réalité ce moment où au milieu des ténèbres mourut le Créateur. Et je dévore de mes regards la croix de ton martyre, sur laquelle se détache en blanc ton corps éclairé par la lumière de mon amour... Toi et moi, Seigneur, nous seuls, si près l'un de l'autre et si séparés ; je suis prosternée à genoux, silencieuse, et dans la poussière, mais je me confonds si bien avec mon Dieu, que je me sens là haut, crucifiée avec toi ! »

* * *

Mes Frères, la femme qui a jeté au monde ce cri sublime et a vu cent fois de ses yeux, la nuit, le Crucifié s'agiter sur sa croix et lui dire sa soif divine, a répondu au Maître ensanglanté par une sorte de sublime défi, et a planté ses Carmels dans le monde, se survivant ainsi à elle-même dans la personne de ses filles.

Qu'elle meure, maintenant avec ses 67 ans ; que son cœur s'attendrisse une dernière fois, que son agonie devienne une extase, que le feu de l'amour divin la consume... et qu'elle aille se reposer dans les bras de Dieu : L'Espagne a perdu sa gloire la plus pure ; mais au Ciel de l'Eglise brille un nouveau soleil qui ne va cesser de rayonner sur le monde et de réchauffer la grande armée des âmes claustrales, dignes filles de Thérèse, imitatrices de ses vertus, et comme elle expiatrices et rédemptrices.

Leur vie, Mesdames, condamne notre vie et nous prêche la réforme du cœur, la fidélité aux prévenances de la grâce, l'acceptation et l'amour des souffrances, l'union à Dieu dans le devoir.

IMPRIMERIE H. BOSSANNE

www.ingramcontent.com/pod-product-compliance
Ingram Content Group UK Ltd.
Pitfield, Milton Keynes, MK11 3LW, UK
UKHW020235180726
13838UKWH00005B/2389

9 782019 914219